ABDALA

Libros a la carta

Partiendo de nuestro respeto a la integridad de los textos originales, ofrecemos también nuestro servicio de «Libros a la carta», que permite -bajo pedido- incluir en futuras ediciones de este libro prólogos, anotaciones, bibliografías, índices temáticos, fotos y grabados relacionados con el tema; imprimir distintas versiones comparadas de un mismo texto, y usar una tipografía de una edición determinada, poniendo la tecnología en función de los libros para convertirlos en herramientas dinámicas.

Estas ediciones podrán además tener sus propios ISBN y derechos de autor.

JOSÉ MARTÍ

ABDALA

BARCELONA **2006**
WWW.LINKGUA.COM

Créditos

Título original: Abdala.

© 2006, Linkgua ediciones S.L.

08011 Barcelona.
Muntaner, 45 3° 1ª
Tel. 93 454 3797
e-mail: info@linkgua.com

Diseño de cubierta: Marco Hernández.
Ilustración de cubierta: Marco Hernández.
ISBN: 84-933439-7-8.

Las bibliografías de los libros de Linkgua son actualizadas en: www.linkgua.com

Impreso en EE:UU: - Printed in USA

RO411951593

SUMARIO

PRESENTACIÓN

La vida

José Martí (La Habana, 1853-Dos Ríos, 1898), Cuba.
Era hijo de Mariano Martí Navarro, valenciano, y Leonor Pérez Cabrera, de Santa Cruz de Tenerife.
Martí empezó su formación en El Colegio de San Anacleto, y luego estudió en la Escuela Municipal de Varones. En 1868 empezó a colaborar en un periódico independentista, lo que provocó su ingreso en prisión y más tarde su destierro a España. Vivió en Madrid y en 1871 publicó *El presidio político en Cuba*, su primer libro en prosa.
En 1873 se fue a Zaragoza y se licenció en derecho, y en filosofía y letras.
Al año siguiente viajó a París, donde conoció a personajes como Víctor Hugo y Augusto Bacquerie.
Tras su estancia en Europa vivió dos años en México. Por esa época se casó con Carmen Zayas Bazán, aunque estaba enamorado de María García Granados, fuente de inspiración en sus poemas.
En 1878 regresó a La Habana y tuvo un hijo con Carmen. Un año después fue deportado otra vez a España (1879). Hacia 1880 vivió en Nueva York y organizó la Guerra de Independencia de su país. Fue cónsul de Argentina, Uruguay y Paraguay en esa ciudad norteamericana; dio discursos, escribió artículos y versos, conspiró, fundó el Partido Revolucionario Cubano y redactó sus Bases. En 1895, al iniciarse la Guerra de Independencia, se fue a Cuba y murió en combate.

La épica popular

Abdala es una obra de referencia en el movimiento independentista de Cuba y uno de los textos clave del modernismo. La obra transcurre en un país islámico en el que, ante una amenaza extranjera, Abdala, el protagonista, decide ir a la guerra. Se trata de una exhaltación patriótica que se convirtió en una saga de la historia cubana, marcada por la defensa de la soberanía nacional y por el afán de modernidad y de incorporación de lo foráneo.
El texto, escrito por Martí con apenas dieciséis años, contiene un fragmento muy citado por todas las variantes del nacionalismo cubano:

El amor madre a la patria
No es el amor ridículo a la tierra,
Ni a la hierba que pisan nuestras plantas;
Es el odio invencible a quien la oprime,
Es el rencor eterno a quien la ataca...

ABDALA

Personajes:

Abdala
Consejeros, soldados, etc.
Elmira, hermana de Abdala
Espirta, madre de Abdala
Guerreros
Un senador

ACTO I

La escena pasa en Nubia.

Escena I

Abdala, un senador y consejeros.

Senador

> Noble caudillo: a nuestro pueblo llega
> Feroz conquistador: necio amenaza.
> Si a su fuerza y poder le resistimos,
> En polvo convertir nuestras murallas:
> Fiero pinta a su ejército, que monta
> Nobles corceles de la raza arábiga;
> Inmensa gente al opresor auxilia
> Y tan alto es el número de lanzas
> Que el enemigo cuenta, que a su vista
> La fuerza tiembla y el valor se espanta.
> ¡Tantas sus tiendas son, noble caudillo,
> Que a la llanura llegan inmediata,
> Y del rudo opresor ¡oh Abdala ilustre!
> Es tanta la fiereza y arrogancia,
> Que envió un emisario reclamando
> —¡Rindiese fuego y aire, tierra y agua!

Abdala

> Pues decid al tirano que en la Nubia
> Hay un héroe por veinte de sus lanzas:
> Que del aire se atreva a hacerse dueño:
> Que el fuego a los hogares hace falta:
> Que la tierra la compre con su sangre:
> Que el agua ha de mezclarse con sus lágrimas.

Senador

> Guerrero ilustre: ¡calma tu entusiasmo!
> Del extraño a la impúdica arrogancia
> Diole el pueblo el laurel que merecían
> Tan necia presunción y audacia tanta;
> Mas hoy no son sus bárbaras ofensas
> Muestras de orgullo y simples amenazas:

¡Ya detiene a los nubios en el campo!
¡Ya en nuestras puertas nos coloca guardias!

Abdala   ¿Qué dices, Senador?

Senador   -¡Te digo ¡oh jefe
                Del ejército nubio! que las lanzas
                Deben brillar, al aire desenvuelta
                La sagrada bandera de la patria
                Te digo que es preciso que la Nubia
                Del opresor la lengua arranque osada,
                Y la llanura con su sangre bañe,
                Y luche Nubia cual luchaba Esparto!
                ¡Vengo en tus manos a dejar la empresa
                De vengar las cobardes amenazas
                Del bárbaro tirano que así llega
                A despojar de vida nuestras almas!
                Vengo a rogar al esforzado nubio
                Que a la batalla con el pueblo parta.

Abdala   Acepto, Senador. Alma de bronce
                Tuviera si tu ruego no aceptara.
                Que me sigan espero los valientes
                Nobles caudillos que el valor realza,
                ¡Y si insulta a los libres un tirano
                Veremos en el campo de batalla!
                En la Nubia nacidos, por la Nubia
                Morir sabremos: hijos de la patria,
                Por ella moriremos, y el suspiro
                Que de mis labios postrimeros salga,
                Para Nubia será, que para Nubia
                Nuestra fuerza y valor fueron creados.
                Decid al pueblo que con él al campo
                Cuando se ordene emprenderé la marcha;

Y decid al tirano que se apreste,
Que prepare su gente, -y que a sus lanzas
Brillo dé y esplendor. ¡Más fuertes brillan
Robustas y valientes nuestras almas!

Senador   ¡Feliz mil veces ¡oh valiente joven!
El pueblo que es tu patria!

Todos   -¡Viva Abdala!

(Se van el Senador y consejeros.)

Escena II
Abdala

Abdala

¡Por fin potente mi robusto brazo
Puede blandir la dura cimitarra,
Y mi noble corcel volar ya puede
ligero entre el fragor de la batalla!
¡Por fin mi frente se orlará de gloria;
Seré quien libre a mi angustiada patria,
Y quien lo arranque al opresor el pueblo
Que empieza a destrozar entre sus garras!
¡Y el vil tirano que amenaza a Nubia
Perdón y vida implorará a mis plantas!
¡Y la gente cobarde que lo ayuda
A nuestro esfuerzo gemirá espantada!
¡Y en el cieno hundirá la altiva frente,
Y en cieno vil enfangará su alma!
¡Y la llanura en que su campo extiende
Será testigo mudo de su infamia!
¡Y el opresor se humillará ante el libre!
¡Y el oprimido vengará su mancha!
Conquistador infame: ya la hora
De tu muerte sonó: ni la amenaza,
Ni el esfuerzo y valor de tus guerreros
Será muro bastante a nuestra audacia.
Siempre el esclavo sacudió su yugo, -
Y en el pecho del dueño hundió su clava
El siervo libre; siente la postrera
Hora de destrucción que audaz te aguarda,
¡Y teme que en tu pecho no se hunda
Del libre nubio la tajante lanza! -
Ya me parece que rugir los veo
Cual fiero tigre que a su presa asalto.
Ya los miro correr: a nuestras filas

Dirigen ya su presurosa marcha.
Ya luchan con furor: la sangre corre
Por el llano a torrentes: con el ansia
Voraz del opresor, hambrientos vuelven
A hundir en sus costados nuestras lanzas,
Y a doblegar el arrogante cuello
Al tajo de las rudas cimitarras:
Cansados ya, vencidos, -cual furiosas
Panteras del desierto que se lanzan
A la presa que vencen, y se fatigan,
Y rugen y se esfuerzan y derraman
La enrojecida sangre, y combatiendo
Terribles ayes de dolor exhalan,
Así los enemigos furibundos
A nuestras filas bárbaros se lanzan,
Y luchan, -corren, -retroceden, -vuelan, -
Inertes caen, -gimiendo se levantan, -
A otro encuentro se aprestan, -¡y perecen!
Ya sus cobardes huestes destrozadas
Huyen por la llanura: -¡oh! ¡cuánto el gozo
Da fuerza y robustez y vida a mi alma!
¡Cuál crece mi valor! ¡Cómo en mis venas
Arde la sangre! ¡Cómo me arrebata
Este invencible ardor! -¡Cuánto deseo
A la lucha partir! -

Escena III

Entran guerreros. Guerreros y Abdala

Un guerrero   ¡Salud, Abdala! -

Abdala   ¡Salud, nobles guerreros!

Un guerrero   Ya la hora
De la lucha sonó: la gente aguarda
Por su noble caudillo: los corceles
Ligeros corren por la extensa plaza:
Arde en los pechos el valor, y bulle
En el alma del pueblo la esperanza:
Si vences, noble jefe, el pueblo nubio
Coronas y laureles te prepara,
¡Y si mueres luchando, te concede
La corona del mártir de la patria! -
Revelan los semblantes la alegría:
Brillan al sol las fulgurantes armas, -
¡Y el deseo de luchar, en las facciones
La grandeza, el valor, sublimes graban! -

Abdala   Ni laurel ni coronas necesita
Quien respira valor. Pues amenazan
A Nubia libre, y un tirano quiere
Rendirla a su dominio vil esclava.
¡Corramos a la lucha, y nuestra sangre
Pruebe al conquistador que la derraman
Pechos que son altares de la Nubia,
Brazos que son sus fuertes y murallas!
¡A la guerra, valientes! Del tirano
¡La sangre corra, y a su empresa osada
De muros sirvan los robustos pechos,

Y sea su sangre fuego a nuestra audacia!
¡A la guerra! ¡A la guerra! ¡Sea el aplauso
Del vil conquistador que nos ataca,
El son tremendo que al batirlo suenen
Nuestras rudas y audaces cimitarras!
¡Nunca desmienta su grandeza Nubia!
¡A la guerra corred! ¡A la batalla,
Y de escudo te sirva ¡oh patria mía!
El bélico valor de nuestras almas!

(Hacen ademán de partir.)

Escena IV

Entra Espirta.

Espirta y dichos.

Espirta	¿Adónde vas? ¡Espera!
Abdala	¡Oh madre mía! Nada puedo esperar.
Espirta	¡Deténte, Abdala!
Abdala	¿Yo detenerme, madre? ¿No contemplas El ejército ansioso que me aguarda? ¿No ves que de mi brazo espera Nubia La libertad que un bárbaro amenaza? ¿No ves cómo se aprestan los guerreros? ¿No miras cómo brillan nuestras lanzas? Detenerme no puedo, ¡oh madre mía! ¡Al campo voy a defender mi patria!
Espirta	¡Tu madre soy!
Abdala	¡Soy nublo! El pueblo entero Por defender su libertad me aguarda: Un pueblo extraño nuestras tierras huella: Con vil esclavitud nos amenaza; Audaz nos muestra sus potentes picas, Y nos manda el honor, y Dios nos manda Por la patria morir, ¡antes que verla Del bárbaro opresor cobarde esclava!
Espirta	¡Pues si exige el honor que al campo vueles,

23

Tu madre hoy que te detengas manda!

Abdala   ¡Un rayo sólo retener pudiera
El esfuerzo y valor del noble Abdala!
¡A la guerra corred, nobles guerreros,
Que con vosotros el caudillo marcha!

(Se van los guerreros.)

Escena V

Espirta y Abdala

Abdala	Perdona ¡oh madre! que de ti me aleje Para partir al campo. ¡Oh! Estas lágrimas Testigos son de mi ansiedad terrible, Y el huracán que ruge en mis entrañas.
(Espirta llora.)	¡No llores tú, que a mi dolor ¡oh madre! Estas ardientes lágrimas le bastan! El ¡ay! del moribundo, ni el crujido, Ni el choque rudo de las fuertes armas, ¡No el llanto asoman a mis tristes ojos, Ni a mi valiente corazón espantan! Tal vez sin vida a mis hogares vuelva, U oculto entre el fragor de la batalla De la sangre y furor víctima sea. Nada me importa. ¡Si supiera Abdala Que con su sangre se salvaba Nubia De las terribles extranjeras garras, Esa veste que llevas, madre mía, Con gotas de mi sangre la manchara! Sólo tiemblo por ti; y aunque mi llanto No muestro a los guerreros de mi patria, ¡Ve cómo corre por mi faz, ¡oh madre! Ve cuál por mis mejillas se derrama!
Espirta	¿Y tanto amor a este rincón de tierra? ¿Acaso él te protegió en tu infancia? ¿Acaso amante te llevó en su seno? ¿Acaso él fue quien engendró tu audacia Y tu fuerza? ¡Responde! ¿ O fue tu madre? ¿Fue la Nubia?

Abdala	El amor, madre, a la patria No es el amor ridículo a la tierra, Ni a la yerba que pisan nuestras plantas; Es el odio invencible a quien la oprime, Es el rencor eterno a quien la ataca; Y tal amor despierta en nuestro pecho El mundo de recuerdos que nos llama A la vida otra vez, cuando la sangre, Herida brota con angustia el alma; ¡La imagen del amor que nos consuela Y las memorias plácidas que guarda!
Espirta	¿Y es más grande ese amor que el que despierta En tu pecho tu madre?
Abdala	¿Acaso crees Que hay algo más sublime que la patria?
Espirta	¿Y aunque sublime fuera, acaso debes Por ella abandonarme? ¿A la batalla Así correr veloz? ¿Así olvidarte De la que el ser te dio? ¿Y eso lo manda la patria? ¡Di! ¿Tampoco te conmueven La sangre ni la muerte que te aguardan?
Abdala	Quien a su patria defender ansía Ni en sangre ni en obstáculos repara; Del tirano desprecia la soberbia; En su pecho se estrella la amenaza; ¡Y si el cielo bastara a su deseo, Al mismo cielo con valor llegara!
Espirta	¿No te quedas por fin y me abandonas?

Abdala	¡No, madre, no! ¡Yo parto a la batalla!
Espirta	¿Al fin te vas? ¿Te vas? ¡Oh hijo querido!

(Se arrodilla.)

¡A tu madre infeliz mira a tus plantas!
¡Mi llanto mira que angustioso corre
De amargura y dolor! ¡Tus pies empapa!
¡Deténte, oh hijo mío!

Abdala	Levanta ¡oh madre!
Espirta	¡Por mi amor... por tu vida... no... no partas!
Abdala	¿Que no parta decís, cuando me espera La Nubia toda? ¡Oh, no! ¿Cuando me aguarda Con terrible inquietud a nuestras puertas Un pueblo ansioso de lavar su mancha? ¡Un rayo sólo detener pudiera El esfuerzo y valor del noble Abdala!

Espirta (Con altivez.)   Y una madre infeliz que te suplica.
Que moja con sus lágrimas tus plantas,
¿No es un rayo de amor que te detiene?
¿No es un rayo de amor que te anonada?

Abdala   ¡Cuántos tormentos!¡Cuán terrible angustia!
Mi madre llora... Nubia me reclama...
Hijo soy... Nací nubio... Ya no dudo:
¡Adiós! Yo marcho a defender mi patria.

(Se va.)

Escena VI

Espirta

Espirta

Partió... partió... Tal vez ensangrentado,
Lleno de heridas, a mis pies lo traigan;
Con angustia y dolor mi nombre invoque;
Y mezcle con las mías sus tristes lágrimas.
¡Y mi mejilla con la suya roce
Sin vida, sin color, inerte, helada!
¡Y detener no puedo el raudo llanto
Que de mis ojos brota; a mi garganta
Se agolpan los sollozos, y mi vista
Nublan de espanto y de terror mis lágrimas!
Mas ¿por qué he de llorar? ¿Tan poco esfuerzo
Nos dio Nubia al nacer? ¿Así acobardan
A sus hijos las madres? ¿Así lloran
Cuando a Nubia un infame nos arranca?
¿Así lamentan su fortuna y gloria?
¿Así desprecian el laurel? ¿Tiranas,
Quieren ahogar en el amor de madre
El amor a la patria? ¡Oh, no! ¡Derraman
Sus lágrimas ardientes, y se quejan
Porque sus hijos a morir se marchan!
¡Porque si nubias son, también son madres!
¡Porque al rudo clamor de la batalla
Oyen mezclarse el ¡ay! que lanza el hijo
Al sentir desgarradas sus entrañas!
¡Porque comprenden que en la lucha nunca
Sus hogares recuerdan, y se lanzan
Audaces en los brazos de la muerte
Que a una madre infeliz los arrebata!

Escena VII

Espirta y Elmira

Elmira
    ¡Madre! ¿Llorando vos?

Espirta
                          ¿De qué te asombras?
    A la lucha partió mi noble Abdala,
    Y al partir a la lucha un hijo amado,
    ¿Qué heroína, qué madre no llorara?

Elmira
    ¡La madre del valor, la patriota!
    ¡Oh! ¡Mojan vuestra faz recientes lágrimas,
    Y rebosa el dolor en vuestros ojos,
    Cobarde llanto vuestro seno baña!
    ¡Madre nubia no es la que así llora
    Si vuela su hijo a socorrer la patria!
    ¡A Abdala adoro: mi cariño ciego
    Es límite al amor de las hermanas,
    Y en sus robustas manos, madre mía,
    Le coloqué al partir la cimitarra,
    Le dije adiós, y le besé en la frente!
    Y ¡vos lloráis, cuando luchando Abdala
    De noble gloria y de esplendor se cubre,
    Y el bélico laurel le orna de fama!
    ¡Oh madre! ¿No escucháis ya cómo suenan
    Al rudo choque las templadas armas?
    ¿Las voces no escucháis? ¿El son sublime
    De la trompa no oís en la batalla?
    ¿Y no oís el fragor? ¡Con cuánto gozo
    Esta humillante veste no trocara
    Por el lustroso arnés de los guerreros,
    Por un noble corcel, por una lanza!

Espirta	¿Y también, como Abdala, por la guerra A tu hogar y tu madre abandonaras, Y a morir en el campo audaz partieras?
Elmira	También, madre, también; ¡que las desgracias De la patria infeliz lloran y sienten Las piedras que deshacen nuestras plantas! ¿Y vos lloráis aún? ¿Pues de la trompa El grato son no oís que mueve el alma? ¿No lo escucháis? ¡Oh madre! ¿A vos no llega El sublime fragor de la batalla?

(Se oye tocar a la puerta.)

> Pero... ¿qué ruido es éste repentino,
> Madre, que escucho a nuestra puerta?

Espirta (Lanzándose hacia la puerta:)
> ¡Abdala!

Elmira (Deteniéndola)   Callad, ¡oh madre! Acaso algún herido
> A nuestro hogar desesperado llama.
> A su socorro vamos, madre mía.

(Se dirigen a la puerta.)

> ¿Quién toca a nuestra puerta?

Una voz   ¡Abrid!

Escena VIII

Entran guerreros trayendo en brazos a Abdala, herido.
Dichos y Abdala

Elmira y Espirta (Espantadas.)

¡Abdala!

(Los guerreros conducen a Abdala al medio del escenario.)

Abdala   Abdala, sí, que moribundo vuelve
                A arrojarse rendido a vuestras plantas,
                Para partir después donde no puede
                Blandir el hierro ni empuñar la lanza.
                ¡Vengo a exhalar en vuestros brazos, madre,
                Mis últimos suspiros, y mi alma!
                ¡Morir! Morir cuando la Nubia lucha;
                Cuando la noble sangre se derrama
                De mis hermanos, madre; ¡cuando espera
                De nuestras fuerzas libertad la patria!
                ¡Oh madre, no lloréis! Volad cual vuelan
                Nobles matronas del valor en alas
                A gritar en el campo a los guerreros:
                «¡Luchad! ¡Luchad, oh nubios! ¡Esperanza!»

Espirta   ¿Que no llore, me dices? ¿Y tu vida
                Alguna vez me pagará la patria?

Abdala   La vida de los nobles, madre mía,
                Es luchar y morir por acatarla,
                Y si es preciso, con su propio acero
                Rasgarse, por salvarla, las entrañas!
                Mas... me siento morir: en mi agonía
(A todos:)   no vengáis a turbar mi triste calma

¡Silencio!... Quiero oír... ¡oh! Me parece
Que la enemiga hueste, derrotada,
Huye por la llanura... ¡Oíd!... ¡Silencio!
Ya los miro correr... A los cobardes
Los valientes guerreros se abalanzan...
¡Nubia venció! Muero feliz: la muerte
Poco me importa, pues logré salvarla...
¡Oh, qué dulce es morir cuando se muere
Luchando audaz por defender la patria!

(Cae en brazos de los guerreros.)

Fin

Libros a la carta

A la carta es un servicio especializado para

empresas,

librerías,

bibliotecas,

editoriales

y centros de enseñanza;

y permite confeccionar libros que, por su formato y concepción, sirven a los propósitos más específicos de estas instituciones.

Las empresas nos encargan ediciones personalizadas para marketing editorial o para regalos institucionales. Y los interesados solicitan, a título personal, ediciones antiguas, o no disponibles en el mercado; y las acompañan con notas y comentarios críticos.

Las ediciones tienen como apoyo un libro de estilo con todo tipo de referencias sobre los criterios de tratamiento tipográfico aplicados a nuestros libros que puede ser consultado en www.linkgua.com.

Linkgua edita por encargo diferentes versiones de una misma obra con distintos tratamientos ortotipográficos (actualizaciones de carácter divulgativo de un clásico, o versiones estrictamente fieles a la edición original de referencia).

Este servicio de ediciones a la carta le permitirá, si usted se dedica a la enseñanza, tener una forma de hacer pública su interpretación de un texto y, sobre una versión digitalizada «base», usted podrá introducir interpretaciones del texto fuente. Es un tópico que los profesores denuncien en clase los desmanes de una edición, o vayan comentando errores de interpretación de un texto y esta es una solución útil a esa necesidad del mundo académico.

Asimismo publicamos de manera sistemática, en un mismo catálogo, tesis doctorales y actas de congresos académicos, que son distribuidas a través de nuestra Web.

El servicio de «libros a la carta» funciona de dos formas.

1. Tenemos un fondo de libros digitalizados que usted puede personalizar en tiradas de al menos cinco ejemplares. Estas personalizaciones pueden ser de todo tipo: añadir notas de clase para uso de un grupo de estudiantes, introducir logos corporativos para uso con fines de marketing empresarial, etc. etc.

2. Buscamos libros descatalogados de otras editoriales y los reeditamos en tiradas cortas a petición de un cliente.

Colección DIFERENCIAS

Diario de un testigo de la guerra de África	Alarcón, Pedro Antonio de
Moros y cristianos	Alarcón, Pedro Antonio de
Argentina 1852. Bases y puntos de partida para la organización política de la República de Argentina	Alberdi, Juan Bautista
Apuntes para servir a la historia del origen y alzamiento del ejército destinado a ultramar en 1 de enero de 1820	Alcalá Galiano, Antonio María
Constitución de Cádiz (1812)	Autores varios
Constitución de Cuba (1940)	Autores varios
Constitución de la Confederación	Autores varios
Sab	Avellaneda, Gertrudis Gómez de
Espejo de paciencia	Balboa, Silvestre de
Relación auténtica de las idolatrías	Balsalobre, Gonzalo de
Comedia de san Francisco de Borja	Bocanegra, Matías de
El príncipe constante	Calderón de la Barca, Pedro
La aurora en Copacabana	Calderón de la Barca, Pedro
Nuevo hospicio para pobres	Calderón de la Barca, Pedro
El conde partinuplés	Caro Mallén de Soto, Ana
Valor, agravio y mujer	Caro, Ana
Brevísima relación de la destrucción de las Indias	Casas, Bartolomé de
De las antiguas gentes del Perú	Casas, Bartolomé de las
El conde Alarcos	Castro, Guillén de
Crónica de la Nueva España	Cervantes de Salazar, Francisco
La española inglesa	Cervantes Saavedra, Miguel de
La gitanilla	Cervantes Saavedra, Miguel de
La gran sultana	Cervantes Saavedra, Miguel de

38

tuertos, etc.	Pomposo Fernández, Agustín
Breve relación de los dioses	
y ritos de la gentilidad	Ponce, Pedro
Execración contra los judíos	Quevedo y Villegas, Francisco de
La morisca de Alajuar	Rivas, Ángel Saavedra, Duque de
Malek-Adhel	Rivas, Ángel Saavedra, Duque de
Sublevación de Nápoles	
capitaneada por Masanielo	Rivas, Ángel Saavedra, Duque de
Los bandos de Verona	Rojas Zorrilla, Francisco de
Santa Isabel, reina de Portugal	Rojas Zorrilla, Francisco de
La manganilla de Melilla	Ruiz de Alarcón y Mendoza, Juan
Informe contra los adoradores	
de ídolos del obispado de Yucatán	Sánchez de Aguilar, Pedro
Vida de Juan Facundo Quiroga	Sarmiento, Domingo Faustino
Tratado de las supersticiones,	
idolatrías, hechicerías, y otras	
costumbres de las razas aborígenes	
de México	Serna, Jacinto de la
Correo del otro mundo	Torres Villarroel, Diego de
El espejo de Matsuyama	Valera, Juan
Estudios críticos sobre historia	
y política	Valera, Juan
Leyendas del Antiguo Oriente	Valera, Juan
Los cordobeses en Creta	Valera, Juan
Nuevas cartas americanas	Valera, Juan
El otomano famoso	Vega, Lope de
Fuente Ovejuna	Vega, Lope de
Las paces de los reyes y judía	
de Toledo	Vega, Lope de
Los primeros mártires de Japón	Vega, Lope de
Comedia nueva del apostolado	
en las Indias y martirio de un	
cacique	Vela, Eusebio
La pérdida de España	Vela, Eusebio

La conquista de México	Zárate, Fernando de
La traición en la amistad	Zayas y Sotomayor, María de
Apoteosis de don Pedro Calderón de la Barca	Zorrilla, José

Colección ERÓTICOS

Cuentos amatorios	Alarcón, Pedro Antonio de
El sombrero de tres picos	Alarcón, Pedro Antonio de
El libro del buen amor	Arcipreste de Hita, Juan Ruiz
Diario de amor	Gómez de Avellaneda, Gertrudis
A secreto agravio, secreta venganza	Calderón de la Barca, Pedro
No hay burlas con el amor	Calderón de la Barca, Pedro
Lisardo enamorado	Castillo y Solórzano, Alonso del
El amante liberal	Cervantes, Miguel de
Adúltera	Martí, José
El burlador de Sevilla	Molina, Tirso de
Arte de las putas	Moratín, Nicolás Fernández de
El examen de maridos...	Ruiz de Alarcón y Mendoza, Juan
La dama boba	Vega, Lope de
Reinar después de morir	Vélez de Guevara, Luis
Don Juan Tenorio	Zorrilla, José

Colección ÉXTASIS

De los signos que aparecerán	Berceo, Gonzalo de
Milagros de Nuestra Señora	Berceo, Gonzalo de
Empeños de la casa de la sabiduría	Cabrera y Quintero, Cayetano de
Autos sacramentales	Calderón de la Barca, Pedro
El alcalde de Zalamea	Calderón de la Barca, Pedro
El divino cazador	Calderón de la Barca, Pedro
El divino Orfeo	Calderón de la Barca, Pedro
El gran teatro del mundo	Calderón de la Barca, Pedro
El mágico prodigioso	Calderón de la Barca, Pedro
La casa de los linajes	Calderón de la Barca, Pedro
La dama duende	Calderón de la Barca, Pedro

Colección MEMORIA

Colección VIAJES

Printed in the United States
87766LV00002B/1/A

9 788493 343972